El Sistema Solar

Neptuno

DE ISAAC ASIMOV
REVISADO Y ACTUALIZADO POR RICHARD HANTULA

Gareth Stevens Publishing
UNA COMPAÑÍA DEL WORLD ALMANAC EDUCATION GROUP

Please visit our web site at: www.garethstevens.com
For a free color catalog describing Gareth Stevens Publishing's list of high-quality books and multimedia programs, call 1-800-542-2595 (USA) or 1-800-387-3178 (Canada). Gareth Stevens Publishing's fax: (414) 332-3567.

Library of Congress Cataloging-in-Publication Data

Asimov, Isaac.
[Neptune. Spanish]
Neptuno / de Isaac Asimov; revisado y actualizado por Richard Hantula.
p. cm. – (Isaac Asimov biblioteca del universo del siglo XXI. El sisteme solar)
Summary: Describes the fourth largest known planet in the solar system, examining its size and composition, its surface features, its orbit, and efforts to learn more about this planet.
Includes bibliographical references and index.
ISBN 0-8368-3858-0 (lib. bdg.)
ISBN 0-8368-3871-8 (softcover)
1. Neptune (Planet)—Juvenile literature. [1. Neptune (Planet). 2. Spanish language materials.]
I. Hantula, Richard. II. Title.
QB691.A8318 2003
523.48'1–dc21 2003050688

This edition first published in 2004 by
Gareth Stevens Publishing
A World Almanac Education Group Company
330 West Olive Street, Suite 100
Milwaukee, WI 53212 USA

Series editor: Betsy Rasmussen
Cover design and layout adaptation: Melissa Valuch
Picture research: Matthew Groshek
Additional picture research: Diane Laska-Swanke
Translation: Carlos Porras and Patricia D'Andrea
Production director: Susan Ashley

The editors at Gareth Stevens Publishing have selected science author Richard Hantula to bring this classic series of young people's information books up to date. Richard Hantula has written and edited books and articles on science and technology for more than two decades. He was the senior U.S. editor for the *Macmillan Encyclopedia of Science.*

In addition to Hantula's contribution to this most recent edition, the editors would like to acknowledge the participation of two noted science authors, Greg Walz-Chojnacki and Francis Reddy, as contributors to earlier editions of this work.

Printed in the United States of America

1 2 3 4 5 6 7 8 9 07 06 05 04 03

Contenido

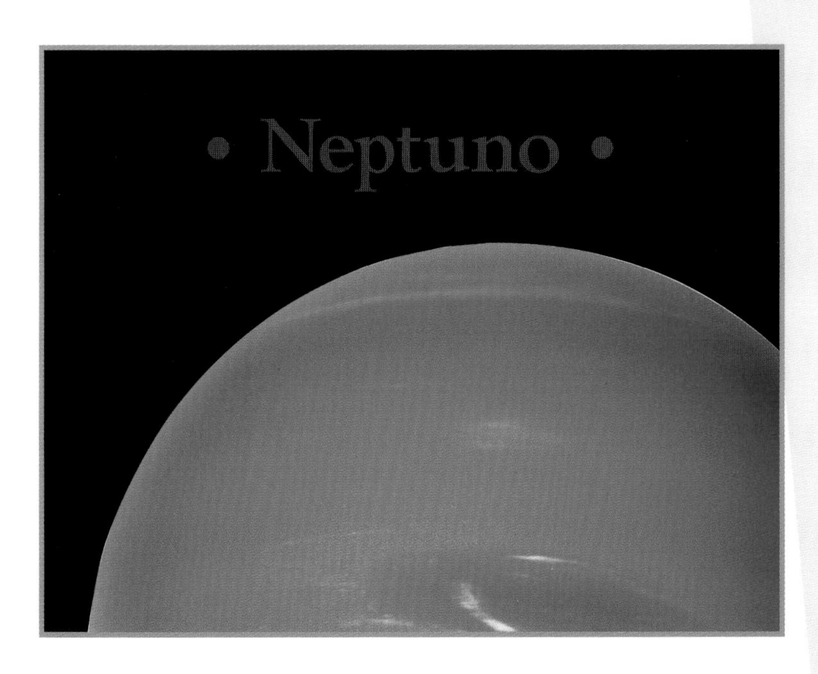

Vivimos en un lugar enormemente grande: el universo. Es muy natural que hayamos querido entender este lugar, así que los científicos y los ingenieros desarrollaron instrumentos y naves espaciales que nos contaron sobre el universo mucho más de lo que hubiéramos podido imaginar.

Hemos visto planetas de cerca, e incluso sobre algunos han aterrizado naves espaciales. Hemos aprendido sobre los quásares y los púlsares, las supernovas y las galaxias que chocan, y los agujeros negros y la materia oscura. Hemos reunido datos asombrosos sobre cómo puede haberse originado el universo y sobre cómo puede terminar. Nada podría ser más sorprendente.

El gigante mundo azul conocido como Neptuno carece de una superficie sólida y lo sacuden tormentas poderosas. Es el planeta más distante del Sistema Solar que haya explorado una nave espacial. En 1989 una sonda espacial llamada *Voyager 2* pasó cerca de Neptuno y Tritón, su luna más grande, y envió a la Tierra abundantes datos e imágenes. Extraordinarias imágenes adicionales han sido generadas por el telescopio espacial *Hubble* y otros instrumentos.

Arriba: Una imagen de Neptuno en color casi verdadero, tomada por el telescopio espacial *Hubble*.

El descubrimiento de Neptuno

Para la década de 1840, estaba claro para los científicos que el movimiento de Urano (el planeta más distante conocido hasta entonces) no era normal.

Dos investigadores, John Couch Adams, de Inglaterra, y Urbain Jean Joseph Leverrier, de Francia, trabajaron individualmente tratando de explicar este movimiento inusual. Cada uno consideraba que más allá de Urano tenía que haber un planeta que lo atraía y afectaba su movimiento. Cada astrónomo calculó dónde pensaba que podría estar este planeta.

En 1846, dos astrónomos alemanes, Johann Gottfried Galle y Heinrich Ludwig d'Arrest, observaron el cielo en la zona en que Leverrier predijo que estaría este planeta, y lo encontraron. El planeta azulado recibió el nombre de Neptuno, por el dios romano del mar. Los cuatro hombres —Galle, d'Arrest, Adams y Leverrier— compartieron el crédito del descubrimiento de Neptuno.

Izquierda: El astrónomo británico John Couch Adams.

Derecha: El matemático francés Jean Joseph Leverrier.

Uno de los gigantes

Existen cuatro planetas gigantes: Júpiter, Saturno, Urano y Neptuno. Neptuno es el más distante de la Tierra y el más pequeño de los cuatro. Sin embargo, sigue siendo enorme y mide unas 30,760 millas (49,500 km) de ancho, cuatro veces más que la Tierra. Su órbita se encuentra a unos 2,800 millones de millas (4,500 millones de km) del Sol, 30 veces más lejos del Sol de lo que está la Tierra.

Desde Neptuno, el Sol parece una estrella muy brillante. Neptuno recibe sólo 1/900 de la luz y el calor que recibe la Tierra. Aún así, la luz solar en Neptuno es 450 veces más brillante que la luz que refleja la luna llena hacia la Tierra.

Neptuno orbita alrededor del Sol más o menos una vez cada 165 años terrestres. Uno de sus días dura un poco más de 16 horas.

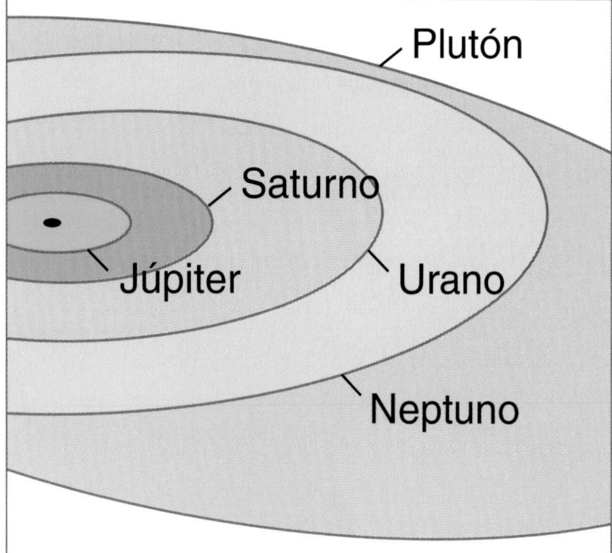

izquierda: Las órbitas de los cinco planetas más exteriores del Sistema Solar. Dentro de la órbita de Júpiter están las órbitas de Marte, la Tierra, Venus y Mercurio. Una pequeña parte de la órbita de Plutón (no se ve en la ilustración) está dentro de la de Neptuno.

¿Qué planeta es el más rápido de todos?

La Tierra viaja alrededor del Sol a 18.6 millas (29.9 km) por segundo. O sea, mucho más rápido incluso que la velocidad a la que viajan los cohetes más veloces. Cuanto más lejos del Sol está un planeta, más débil es la fuerza gravitacional del Sol sobre él y más lentamente se mueve el planeta. Neptuno está tan lejos del Sol, que se mueve a lo largo de su órbita a una velocidad de sólo 3.3 millas (5.3 km) por segundo. Mercurio, el planeta más cercano al Sol, se mueve velozmente a un promedio de casi 30 millas (48 km) por segundo.

A diferencia de la Tierra (*recuadro*), que es uno de los planetas «rocosos» del Sistema Solar, Neptuno está formado en su mayor parte de gas y líquido, y no tiene una superficie sólida.

Una fotografía de Neptuno en color falso basada en los datos de la *Voyager 2*. Los diferentes colores representan las distintas alturas de la atmósfera de Neptuno. En color más oscuro se muestran las nubes más bajas y en color más claro, las nubes más altas.

Tritón y Nereida

Poco después del descubrimiento de Neptuno, los astrónomos descubrieron que alrededor de él daba vueltas una luna. A esta luna, o satélite, se la llamó Tritón, por el hijo del dios Poseidón, el dios del mar de los antiguos mitos griegos.

Tritón es grande, con un diámetro de 1,680 millas (2,700 km), o sea un 78 % del diámetro de la luna de la Tierra. Tritón está aproximadamente a la misma distancia de Neptuno que la Luna lo está de la Tierra. Tritón da una vuelta alrededor de Neptuno en menos de seis días. La Luna da una vuelta alrededor de la Tierra en un poco más de 27 1/3 días. Tritón demora menos tiempo para completar una órbita porque Neptuno es más grande que la Tierra y tiene una fuerza gravitacional más poderosa.

En 1949 se descubrió una segunda luna, Nereida. Tiene unas 210 millas (340 km) de ancho y está mucho más lejos de Neptuno que Tritón, más de 15 veces en promedio. Nereida tarda 360 días en orbitar Neptuno. O sea, casi tanto como lo que tarda la Tierra en orbitar el Sol.

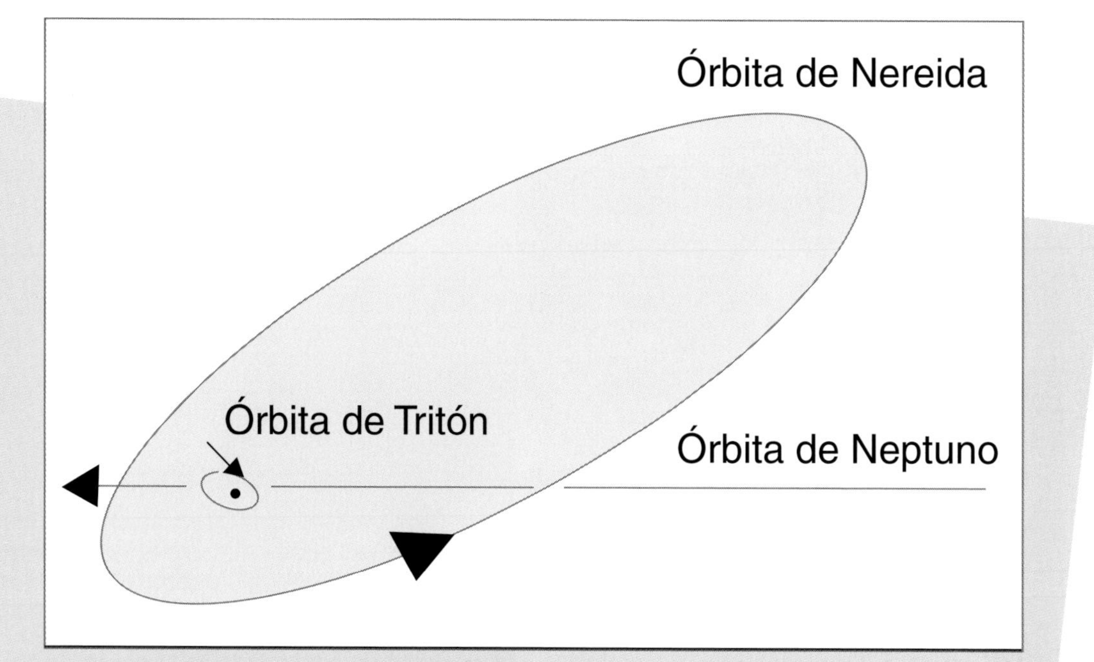

Arriba: Nereida tiene una órbita extremadamente oval. A diferencia de la mayoría de las lunas del Sistema Solar, Tritón orbita Neptuno en dirección opuesta a la rotación de éste. Tanto la órbita de Tritón como la de Nereida están inclinadas en ángulo respecto al ecuador de Neptuno. La línea recta muestra la dirección de la trayectoria de Neptuno alrededor del Sol.

Arriba: Esta fotografía de la superficie moteada de Tritón la tomó la Voyager 2.

Recuadro: Tritón *(flecha superior)* y Nereida *(flecha inferior)* son lunas en órbita alrededor de Neptuno.

Proteo, el segundo satélite más grande que se conoce de Neptuno, es una bola gris llena de cráteres. Antes de que la *Voyager 2* descubriera Proteo, se creía que Nereida era la segunda luna más grande de Neptuno.

Recuadro: La *Voyager 2* ha proporcionado la única vista detallada de Proteo. Los científicos pueden usar estas imágenes para hacer mapas. En este mapa, Proteo aparece dividido en dos: la mitad delantera y la mitad trasera de la luna en su órbita alrededor de Neptuno.

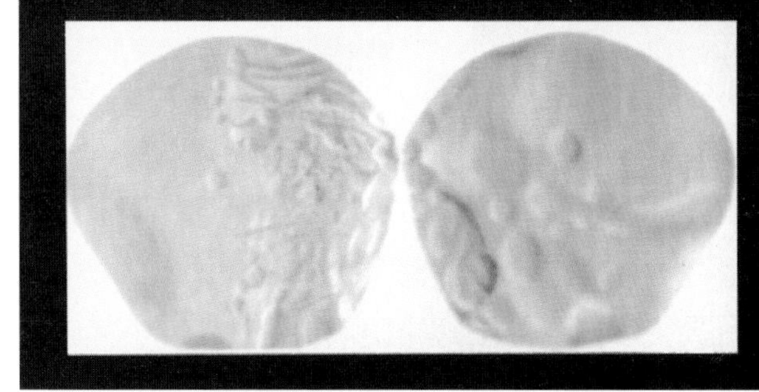

Izquierda: Tres de las seis «nuevas» lunas de Neptuno, en una imagen de la *Voyager 2*.

Nuevas lunas

En 1989, cuando la *Voyager 2* voló cerca de Neptuno, descubrió seis satélites más orbitando alrededor del planeta. Todas estas lunas están bastante cerca de Neptuno. Sus diámetros, se estima que van de 30 a 260 millas (de 50 a 420 km). Sólo reflejan pequeñas cantidades de luz. Su oscuridad, tamaño pequeño y gran distancia hacen que sean difíciles de ver desde la Tierra.

Como todos los satélites pequeños conocidos del Sistema Solar, las lunas de Neptuno recientemente descubiertas son abultadas e irregulares. Sólo los cuerpos celestes grandes tienen suficiente fuerza gravitacional para dar origen a una forma redonda.

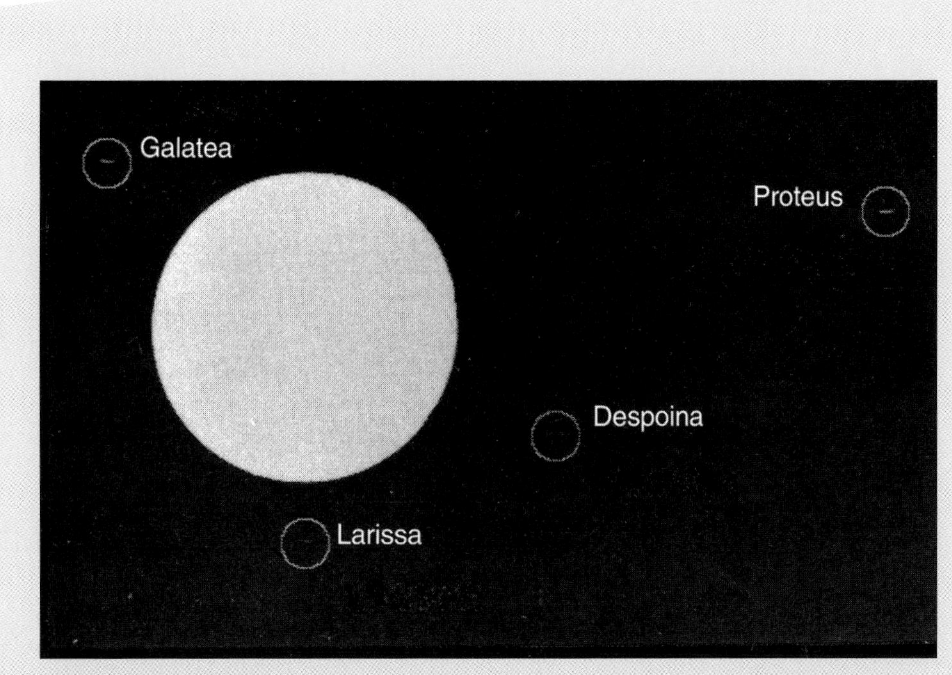

Arriba: Cuatro de las seis «nuevas» lunas, en una imagen de la *Voyager 2*. Despoina se observa en esta imagen y en la imagen de enfrente.

Neptuno tiene anillos

Desde su punto de vista sobre la Tierra, los astrónomos observaron que cuando Neptuno se movía hacia una estrella, la luz de la estrella disminuía inmediatamente antes de que Neptuno la cubriera. Esto fue una pista para los científicos de que podría haber anillos alrededor de Neptuno. Sin embargo, los anillos no parecían completos. Se parecían más a arcos, o fragmentos de anillos.

Cuando la *Voyager 2* pasó por Neptuno, reveló que alrededor del planeta hay cuatro anillos completos. Son delgados, sin mucho material en ellos, y compuestos de agrupaciones. Las agrupaciones ocultan las estrellas más que las otras partes de los anillos. Es por eso que, desde la Tierra, los anillos parecían arcos en vez de anillos completos.

Izquierda: Un bosquejo de los anillos de Neptuno, como se ven en una carta británica escrita en 1847. Poco después del descubrimiento de Neptuno, algunos astrónomos informaron de la existencia de un anillo alrededor del planeta. En realidad, los anillos son demasiado tenues para verlos desde la Tierra.

¡Celebramos los anillos!

En el Sistema Solar hay cuatro planetas gigantes, y cada uno de ellos tiene anillos. Los anillos de Júpiter, Urano y Neptuno son todos delgados y tenues, y los forman partículas oscuras –fragmentos de roca y hielo– que no se pueden ver claramente desde la Tierra. Las sondas espaciales probaron la existencia de esos anillos. Saturno tiene muchos anillos anchos compuestos de partículas brillantes, y estos anillos se pueden ver desde la Tierra con binoculares o un telescopio pequeño. El misterio no es por qué los planetas tienen anillos, sino por qué sólo Saturno tiene anillos tan magníficos.

En esta foto de la *Voyager 2* se ven las agrupaciones en los anillos de Neptuno.

Vientos violentos

En la Tierra, los vientos son impulsados por el calor del Sol. Debido a que Neptuno está más lejos del Sol que Júpiter, recibe menos calor que éste, sólo un 3 % como mucho. Por esta razón, los astrónomos esperaban que la atmósfera de Neptuno fuera mucho más tranquila que la de Júpiter, que tiene vientos poderosos. Sin embargo, la *Voyager 2* descubrió que los vientos de Neptuno son sorprendentemente violentos. Se mueven a velocidades que alcanzan las 1,200 millas (2,000 km) por hora, la velocidad más alta del Sistema Solar. Los científicos no están seguros de por qué Neptuno tiene vientos tan fuertes. Tal vez los impulsa el calor interno del planeta. Pero Júpiter produce más calor que Neptuno, entonces ¿por qué no tiene vientos tan fuertes?

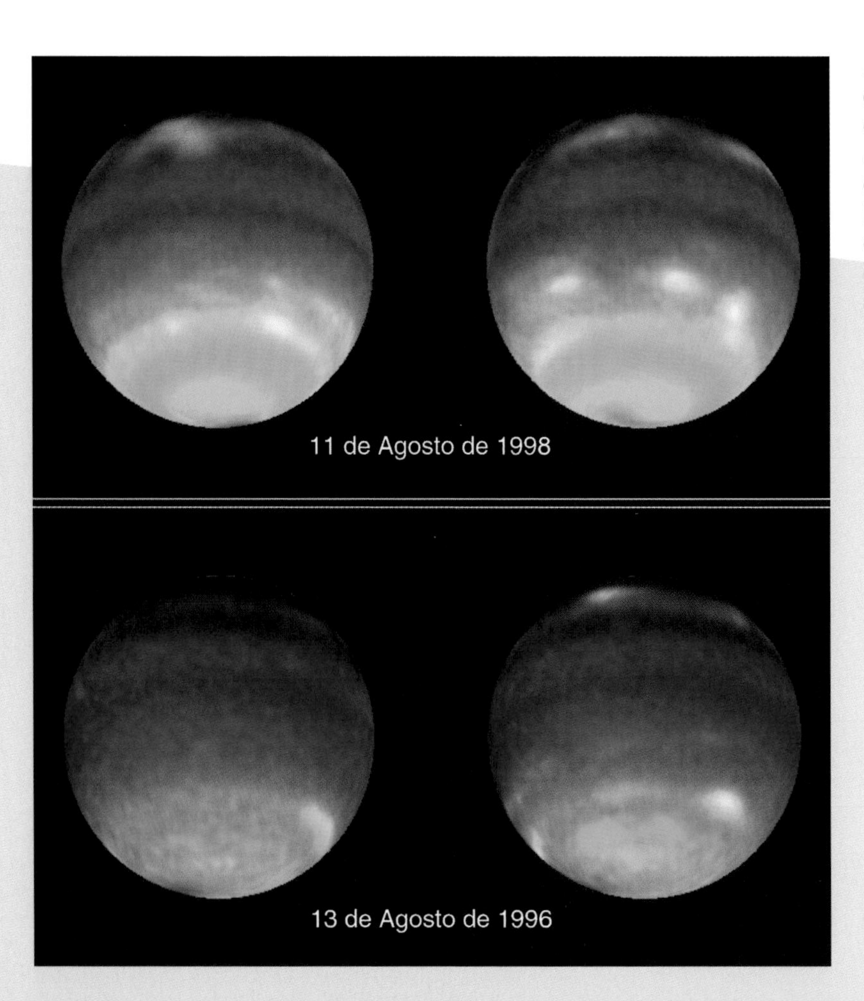

Izquierda: Mediante las observaciones telescópicas del telescopio espacial *Hubble* y de la Instalación del Telescopio Infrarrojo de la NASA en Hawai, los científicos han captado estas imágenes de la superficie de Neptuno.

En este dibujo, la atmósfera de Neptuno distorsiona y multiplica la imagen de la caída del Sol.

Neptuno demora casi 165 años en describir una órbita alrededor del Sol, así que todavía no ha completado una sola órbita desde que se le descubrió en 1846. No llegará al lugar donde se le vio por primera vez hasta el año 2011. Plutón, que demora unos 250 años en describir una órbita alrededor del Sol, es por lo general el planeta más lejano conocido. Sin embargo, durante un período de 20 años de su órbita, Plutón está un poco más cerca del Sol que Neptuno. Esto sucedió más recientemente entre 1979 y 1999. Durante esos años, Neptuno fue el planeta más alejado del Sol.

La Gran Mancha Oscura de Neptuno, como la vio la *Voyager 2*, desde una distancia de 1.7 millones de millas (2.8 millones de km). Las nubes blancas siempre presentes en Neptuno las forma el gas metano que fluye sobre la mancha.

La gran sorpresa de Neptuno

La *Voyager 2* mostró que Neptuno está lleno de sorpresas. Quizás el descubrimiento más asombroso de la Voyager fue que Neptuno tenía en su atmósfera algo parecido a la Gran Mancha Roja de Júpiter.

Como la mancha roja de Júpiter, la mancha oscura de Neptuno parecía ser una estructura tormentosa gigante. Tenía la misma forma que la mancha de Júpiter. Sin embargo, la mancha de Neptuno era de color azul oscuro, con un ligero tinte rojizo. A pesar de que su ancho era tan grande como el diámetro de la Tierra, la Gran Mancha Oscura era más pequeña que la mancha de Júpiter. Sin embargo, si se agrandara Neptuno hasta tener el mismo tamaño de Júpiter, las manchas tendrían también el mismo tamaño.

Misteriosamente, cuando el telescopio espacial ***Hubble*** observó Neptuno pocos años después que la *Voyager*, la Gran Mancha Oscura del planeta había desaparecido. Los científicos no saben por qué ésta se desvaneció.

Arriba: La Gran Mancha Roja de Júpiter, en una imagen de la *Voyager 1*, tiene tres veces el ancho de la Tierra.

Arriba: La Gran Mancha Roja de Júpiter se ve claramente en el hemisferio sur del planeta. La mancha oscura de Neptuno era sorprendentemente similar a ella.

Magnetismo planetario

Júpiter tiene un campo magnético que es mucho más fuerte que el de la Tierra. Saturno y Urano tienen campos magnéticos, y la *Voyager 2* detectó también un campo magnético alrededor de Neptuno. Para tener campo magnético, un planeta gigante gaseoso debe tener en alguna parte de su interior una región líquida que conduzca la electricidad. En general, Neptuno se parece a los otros planetas gigantes. En gran parte está compuesto de sustancias gaseosas que se calientan y se hacen densas en el interior. Posiblemente tenga un pequeño núcleo rocoso rodeado por una capa líquida. Algunos científicos creen que la fuente del campo magnético de Neptuno puede estar más cerca de la superficie que del núcleo.

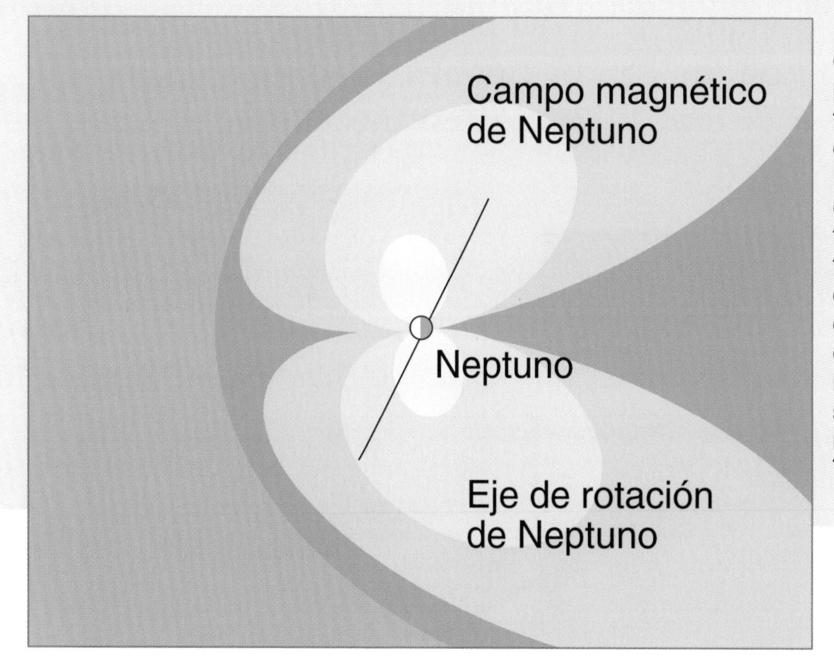

Izquierda: Los científicos de la *Voyager* se sorprendieron al saber cuánto se inclinaba el eje del campo magnético de Neptuno con respecto al eje de rotación del planeta. El campo magnético también parece estar centrado en un punto a cierta distancia del centro de Neptuno. El campo magnético de Neptuno es similar al de Urano, pero muy diferente del de la Tierra.

El caso de los campos magnéticos inclinados

Según los científicos, el campo magnético de un cuerpo celeste debería alinearse con el eje de rotación del cuerpo. Por alguna razón, el campo magnético de la Tierra está un poco inclinado con respecto a su eje. El campo magnético de Urano está completamente inclinado. El eje de Urano está tan inclinado que el planeta parece rodar de costado. Éste sería el porqué de la inclinación de su campo magnético. El eje de Neptuno está mucho más derecho, y aun así su campo magnético está también bastante inclinado. ¿Por qué? Los científicos no están seguros.

Los científicos creen que posiblemente Neptuno tenga un núcleo rocoso rodeado de una capa líquida y, más arriba, una «envoltura» gaseosa. Su atmósfera se compone de hidrógeno, helio y pequeñas cantidades de otros gases, como el metano, que se cree que es responsable en gran parte del color azul del planeta. La sección ampliada muestra capas de nubes en la parte superior de la atmósfera tormentosa de Neptuno.

En 1989 la *Voyager 2* tomó
esta imagen de Tritón.

Tritón: la luna más grande de Neptuno

La *Voyager 2* pasó cerca de Tritón, el satélite más grande de Neptuno. El diámetro de Tritón es de unas 1,680 millas (2,700 km). Esto equivale a 3/4 del ancho de la luna de la Tierra, que mide unas 2,160 millas (3,475 km).

Algunos científicos esperaban que Tritón fuera similar a Titán, el satélite más grande de Saturno. Titán es lo bastante grande para tener una atmósfera nebulosa que oculta su superficie. Sin embargo, Tritón tiene sólo una atmósfera muy delgada, compuesta principalmente de nitrógeno, y su superficie es claramente visible.

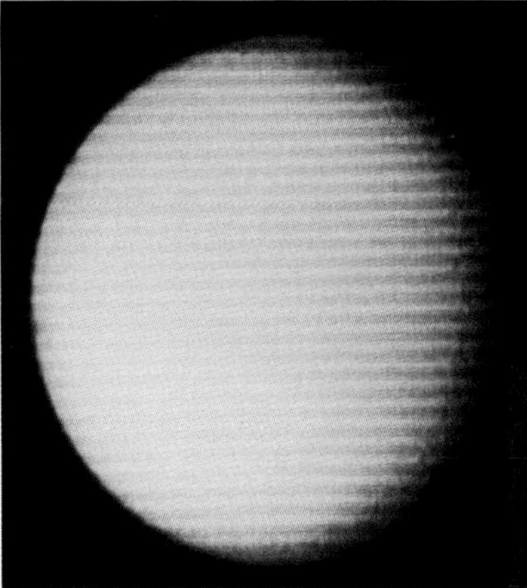

Izquierda: La superficie de Titán, la luna más grande de Saturno, se oculta bajo una atmósfera nebulosa de nitrógeno y otros gases, como el metano.

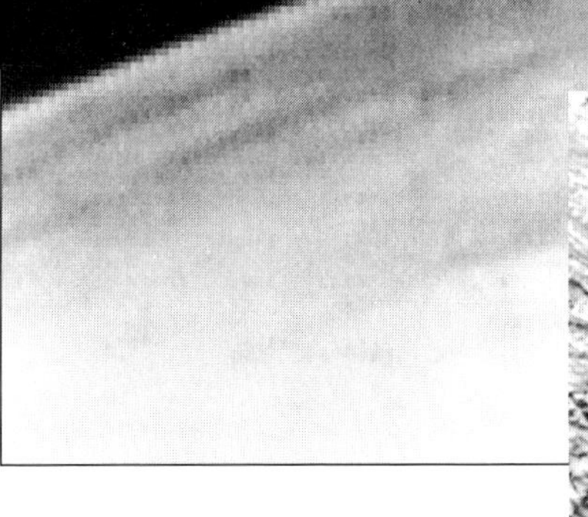

Izquierda: La atmósfera delgada de Tritón tiene partículas heladas en suspensión que forman una niebla fina alrededor de la luna.

Derecha: Las depresiones circulares que hay sobre Tritón pueden haber sido provocadas por el derretimiento y el plegamiento de la helada superficie de la luna.

En la dirección equivocada. ¿Un asteroide capturado?

La mayoría de las lunas se mueven alrededor de su planeta en la misma dirección en que el planeta gira sobre su eje. Seis de las siete lunas más grandes del Sistema Solar, incluida la luna de la Tierra, se mueven en la dirección normal, de oeste a este. La excepción es Tritón. Neptuno rota de oeste a este como la Tierra, pero Tritón se mueve alrededor de Neptuno de este a oeste. ¿Podría ser Tritón un asteroide o un cometa al que capturó la gravedad de Neptuno? Los científicos no lo saben con seguridad.

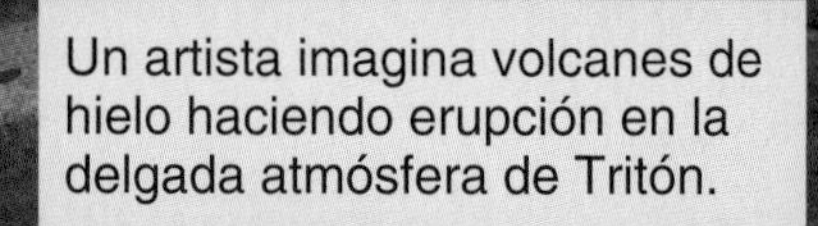

Un artista imagina volcanes de hielo haciendo erupción en la delgada atmósfera de Tritón.

Los volcanes de hielo de Tritón

La superficie de Tritón es un paisaje helado de nitrógeno congelado que refleja la luz del sol, haciendo que Tritón sea más brillante que las otras lunas de Neptuno. Tritón es el cuerpo más frío del Sistema Solar, con temperaturas por debajo de los -390 °F (-235 °C). El casco de hielo polar que está en el sur de Tritón se ve rosa. Los científicos creen que el color puede provenir del hielo de metano.

El hielo de nitrógeno puede permitir que la débil luz solar llegue a las capas profundas de la corteza de Tritón. Una vez que la luz solar las calienta, éstas se enfrian lentamente debido a que el hielo de nitrógeno que las cubre no deja escapar la radiación infrarroja tan fácilmente como deja pasar la luz. Los científicos creen que esta puede ser la fuente de energía para la sorpresa más grande de Tritón: volcanes de hielo que arrojan una mezcla de nitrógeno, metano y otras sustancias por encima de la superficie glacial.

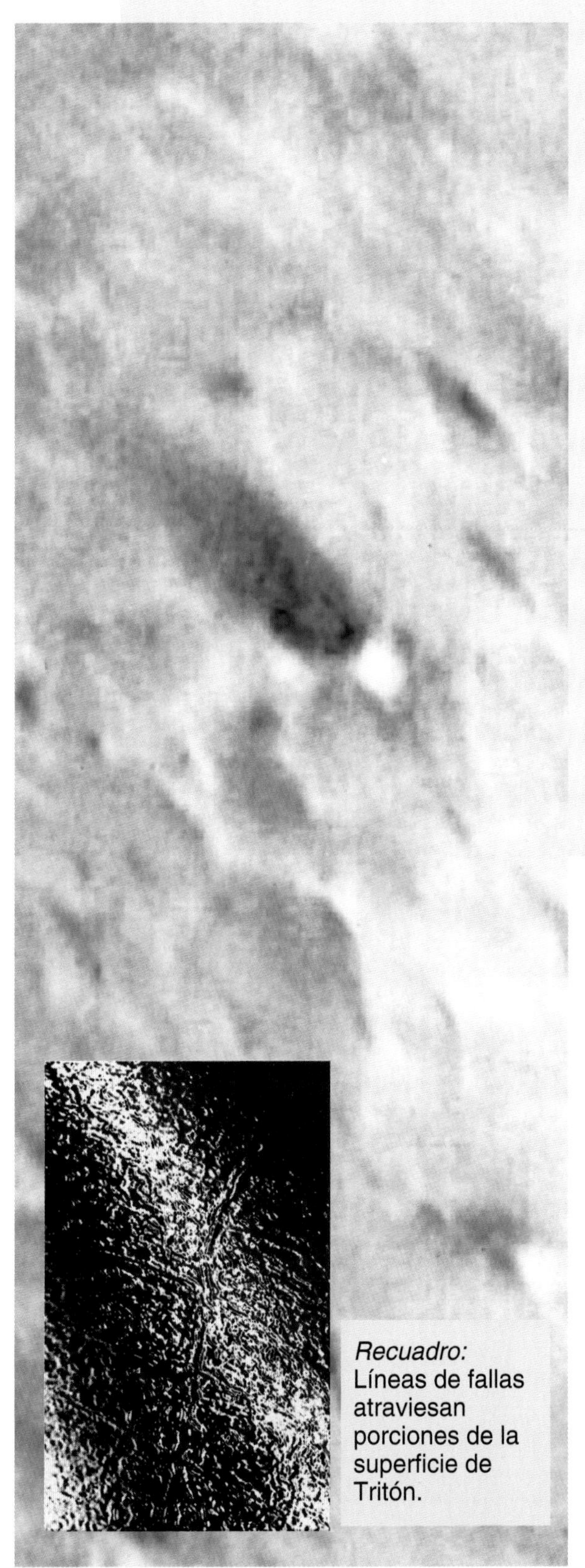

Derecha: Rayas oscuras salpican la superficie del casquete polar sur de Tritón. Pueden ser el resultado del material que disparan a la atmósfera los volcanes de hielo. La *Voyager 2* observó estas erupciones mientras se producían: las columnas de los géiseres llegaban a una altura de unas 5 millas (8 km). En esta foto, las fuentes de un par de erupciones se ven como manchas circulares blancas.

Recuadro: Líneas de fallas atraviesan porciones de la superficie de Tritón.

Cometas capturados

La órbita singular de Tritón lleva a algunos científicos a pensar que se formó en otra parte y que después lo capturó Neptuno.

Es más, los astrónomos han descubierto docenas de cuerpos parecidos a cometas y a asteroides más allá de Neptuno.

Algunos científicos los llaman «plutinos» porque pueden ser la clase de objetos de las cuales se formó Plutón.

Sin embargo, Caronte, la luna de Plutón, se parece mucho más a las lunas de Saturno que a Plutón.

Arriba: Johann Gottfried Galle compartió el descubrimiento de Neptuno.

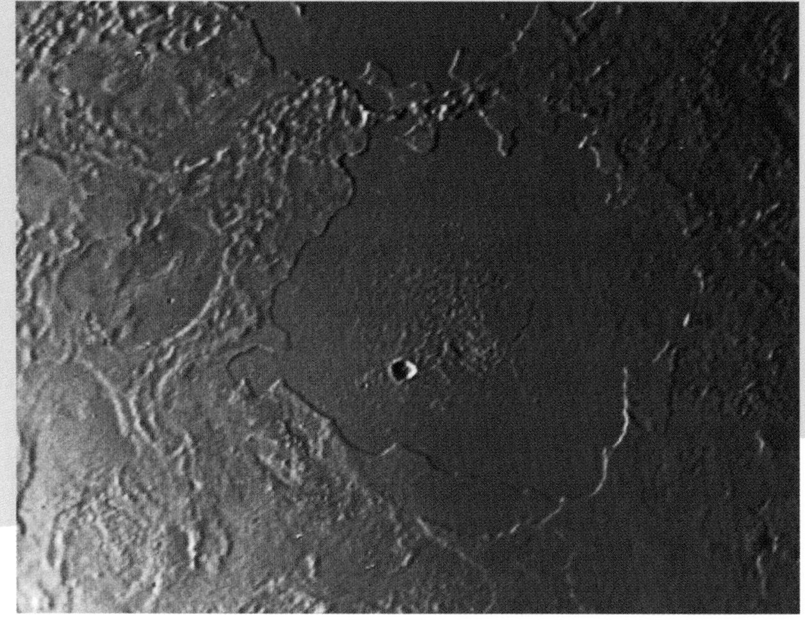

Arriba: La *Voyager 2* brindó la mejor vista de Tritón tomada hasta ahora. Cerca del centro de esta vista se puede observar un único cráter de unas 8 millas (13 km) de ancho. La gran depresión plana que lo rodea puede ser lo que queda de un antiguo cráter más grande que se llenó de espesa lava helada que volvió a dar forma a la superficie de Tritón. La zona rugosa en el centro de la depresión puede señalar una erupción reciente.

A veces, dos errores terminan en acierto

Cuando Adams y Leverrier calcularon la posición de Neptuno, no sabían cuánto más lejos de Urano podría estar. Cada uno de ellos erroneamente supuso que Neptuno no estaba más lejos de lo que está y que era mucho más grande de lo que realmente es. Estos dos errores se anularon el uno al otro y cada uno de ellos terminó por predecir que Neptuno estaba donde realmente está.

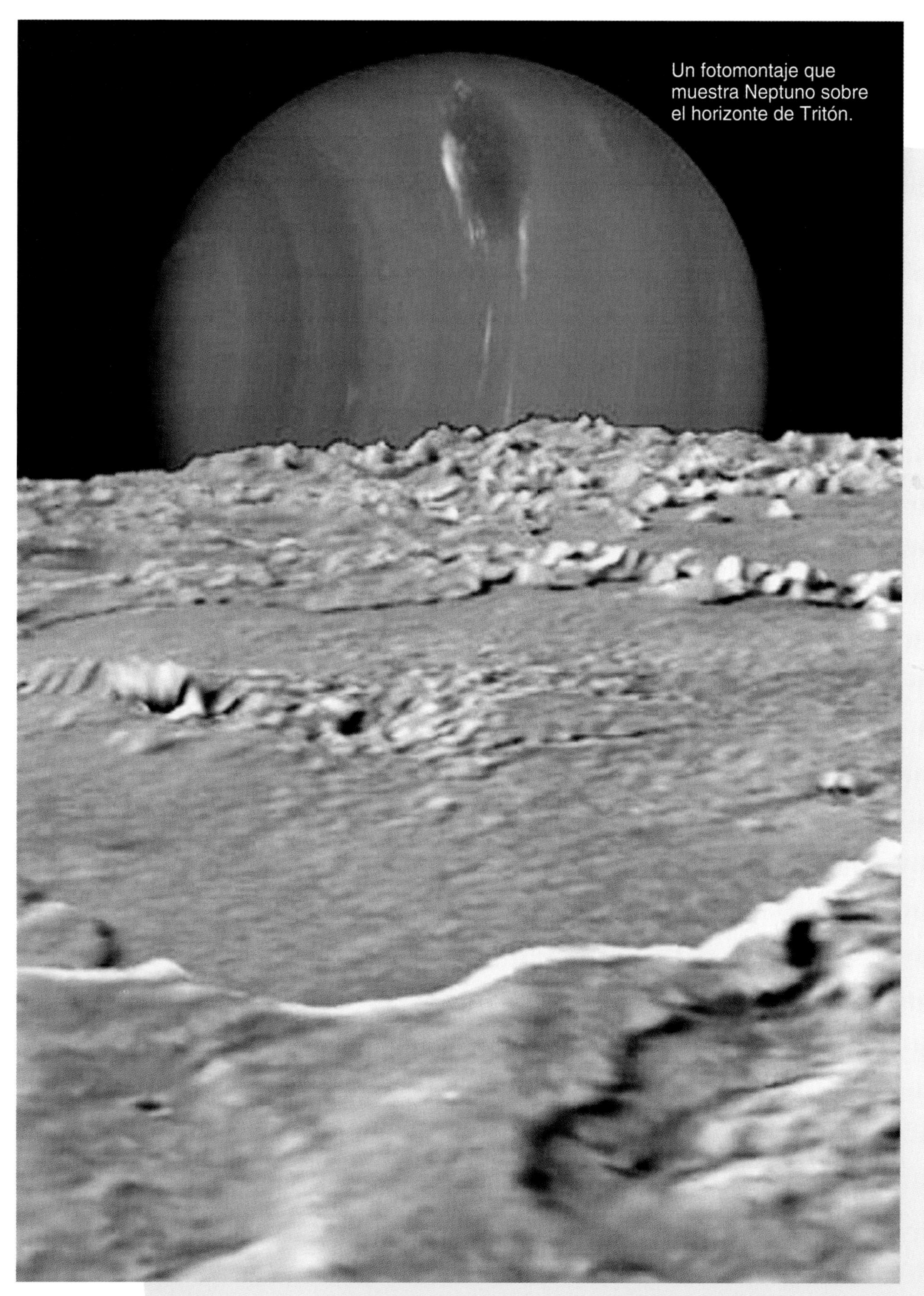

Un fotomontaje que muestra Neptuno sobre el horizonte de Tritón.

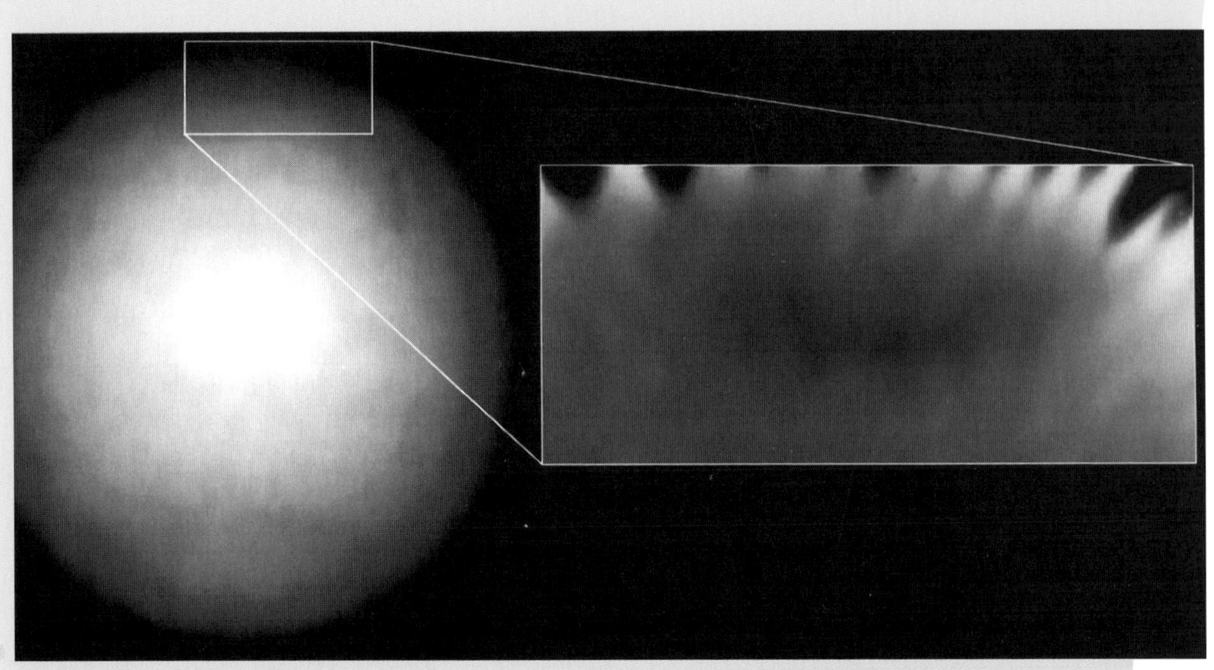

Arriba: En 1994 los científicos que estudiaban Neptuno con el telescopio espacial *Hubble* se sorprendieron al encontrar que no sólo había desaparecido la Gran Mancha Oscura que había visto la *Voyager 2*, sino que además se había formado una mancha similar en el hemisferio opuesto.

La foto de despedida de la *Voyager 2* al alejarse de Neptuno y Tritón, ambos con forma de media luna estrecha desde el punto de vista de la nave espacial.

Un viaje de descubrimiento: la *Voyager 2*

Los científicos han trazado el camino que seguirá la *Voyager 2* por el siguiente millón de años. Para entonces, estará a 50 años luz de distancia, alrededor de doce veces más lejos que la estrella más cercana, aparte del Sol. En todo el tiempo que demore en viajar esa distancia, la *Voyager* nunca se encontrará con otra estrella. Su aproximación más cercana a una estrella que no sea el Sol será de 1.65 años luz, casi 10 billones de millas (16 billones de km).

Los científicos no saben qué sorpresas esperan a la *Voyager* a medida que viaje por el cosmos. Hasta ahora, Neptuno tiene el premio a la mayor cantidad de noticias que transmitió la *Voyager* a la base.

Hasta que podamos volver a mandar una nave espacial a Neptuno, los científicos obtendrán datos gracias al telescopio espacial ***Hubble*** y a otros instrumentos. El ***Hubble*** puede observar características de la parte superior de las nubes de Neptuno que tengan 620 millas (1,000 km) de ancho.

Cuando en 1989 la *Voyager 2* pasó por Neptuno, sus cámaras revelaron en el hemisferio sur del planeta la presencia de la Gran Mancha Oscura. Sin embargo, las imágenes que el ***Hubble*** tomó a fines de 1994 indicaban que ésta había desaparecido y que en el hemisferio norte del planeta había aparecido una mancha oscura nueva. Los científicos no entienden bien qué es lo que sucede en la atmósfera de Neptuno.

Archivo de datos: Un gigante lejano

Neptuno es el cuarto planeta más grande conocido del Sistema Solar. Es el octavo planeta más alejado del Sol. Sólo el pequeño Plutón tiene una órbita que se extiende más lejos del Sol. De hecho, Neptuno está tan lejos del Sol que su año equivale casi a 165 años de la Tierra. Durante unos veinte de esos años, la órbita poco común de Plutón pasa por dentro de la órbita de Neptuno. Esto significa que Neptuno está entonces más lejos del Sol que Plutón.

En 1989, con el viaje de la *Voyager 2* pasando cerca de Neptuno y con observaciones posteriores del telescopio espacial ***Hubble***, se resolvieron muchos misterios acerca de este frío y hermoso planeta, y se revelaron muchos secretos que antes se desconocían.

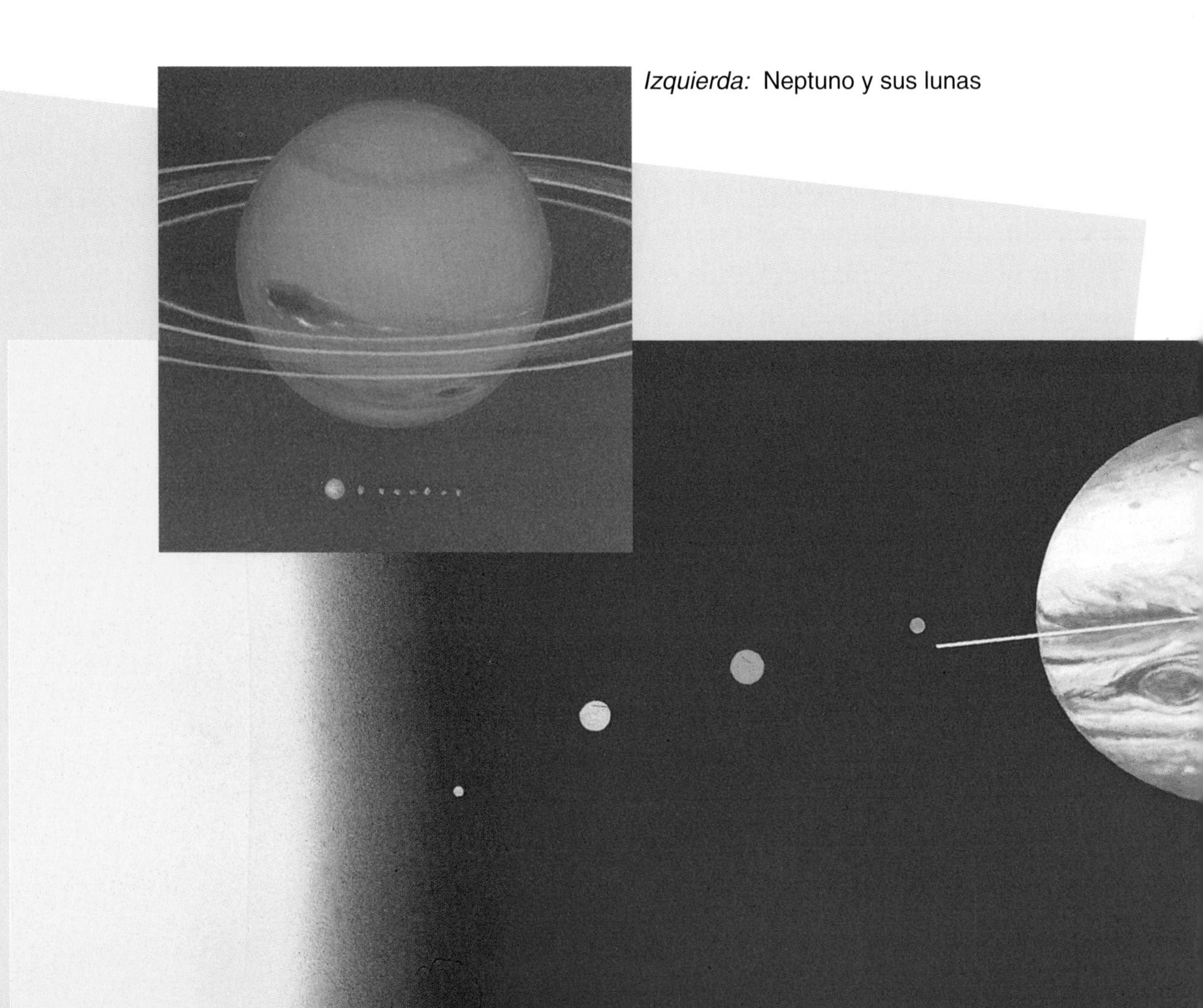

Izquierda: Neptuno y sus lunas

Las lunas de Neptuno

Nombre	Tritón	Nereida	Proteo	Larissa
Diámetro	1,680 millas (2,700 km)	210 millas (340 km)	260 millas (420 km)	120 millas (190 km)
Distancia de Neptuno	220,300 millas (354,800 km)	3,424,000 millas (5,513,000 km)	73,000 millas (117,600 km)	457,000 millas (73,600 km)

Nombre	Despina	Galatea	Thalassa	Náyade
Diámetro	90 millas (145 km)	100 millas (160 km)	50 millas (80 km)	35 millas (60 km)
Distancia de Neptuno	32,600 millas (52,500 km)	38,500 millas (62,000 km)	31,000 millas (50,000 km)	30,000 millas (48,200 km)

Neptuno: Cómo se compara con la Tierra

Planeta	**Diámetro**	**Período de rotación (duración del día)**	**Período de órbita alrededor del Sol (duración del año)**	**Lunas conocidas**	**Gravedad de la superficie**
Neptuno	30,760 millas (49,500 km)	16 horas, 7 minutos	164 años 288 días	8	1.12*
Tierra	7,927 millas (12,756 km)	23 horas, 56 minutos	365.25 días (1 año)	1	1.00*

* Multiplica tu peso por este número para averiguar cuánto pesarías en este planeta. En el caso de Neptuno, que carece de superficie, el número corresponde al nivel superior de las nubes.

Planeta	**Distancia desde el Sol (más cercana-más lejana)**	**Tiempo mínimo que tarda la luz en llegar a la Tierra**
Neptuno	2,760–2,830 millones de millas (4,440–4,550 millones de km)	3 horas, 59 minutos —
Tierra	91.3–94.4 millones de millas (147–152 millones de km)	— —

El Sol y la familia del Sistema Solar (*de izquierda a derecha*): Mercurio, Venus, Tierra, Marte, Júpiter, Saturno, Urano, Neptuno y Plutón.

Más libros sobre Neptuno

DK Space Encyclopedia (*Enciclopedia DK del espacio*), Nigel Henbest y Heather Couper (DK Publishing)

Jupiter, Saturn, Uranus, and Neptune (*Júpiter, Saturno, Urano y Neptuno*), Gregory Vogt (Raintree Steck-Vaughn)

Neptune (Neptuno), Larry Dane Brimner (Children's Press)

Neptune (Neptuno), Seymour Simon (Mulberry Books)

CD-ROM y DVD

CD-ROM: *Comet Explorer (Explorador de cometas).* (Cyanogen)

DVD: *The Voyager Odyssey: An Interplanetary Music Video Experience, (La odisea de la Voyager: Una experiencia musical y audiovisual interplanetaria)* (Image Entertainment)

Sitios Web

Internet es un buen lugar para obtener más información sobre Neptuno. Los sitios Web que se enumeran aquí pueden ayudarte a que te enteres de los descubrimientos más recientes, así como de los que se hicieron en el pasado.

Nine Planets. www.nineplanets.org/neptune.html

StarDate Online. stardate.org/resources/ssguide/neptune.html

Views of the Solar System. www.solarviews.com/eng/neptune.htm

Voyager Project Home Page. voyager.jpl.nasa.gov/

Windows to the Universe. www.windows.ucar.edu/tour/link=/neptune/neptune.html

Lugares para visitar

Estos son algunos museos y centros donde puedes encontrar una variedad de exhibiciones espaciales.

Museo Norteamericano de Historia Natural
Central Park West at 79th Street
New York, NY 10024

Museo de Ciencia y Tecnología de Canadá
1867 St. Laurent Boulevard
Science Park
100 Queen's Park
Ottawa, Ontario K1G 5A3
Canada

Museo Nacional del Aire y el Espacio
Instituto Smithsoniano
7th and Independence Avenue SW
Washington, DC 20560

Odyssium
11211 142nd Street
Edmonton, Alberta T5M 4A1
Canada

Museo Scienceworks
2 Booker Street
Spotswood
Melbourne, Victoria 3015
Australia

U.S. Space and Rocket Center
1 Tranquility Base
Huntsville, AL 35807

Glosario

año luz: la distancia que recorre la luz en un año: casi seis billones de millas (9.6 billones de km).

asteroides: «planetas» muy pequeños. En el Sistema Solar existen cientos de miles de ellos. La mayoría describe una órbita alrededor del Sol entre Marte y Júpiter, pero muchos lo hacen en otras partes. Algunos asteroides se acercan a la Tierra. Algunas lunas de Neptuno y de otros planetas pueden ser asteroides «capturados».

atmósfera: los gases que rodean un planeta, una estrella o una luna. La atmósfera de Neptuno contiene hidrógeno, helio y otros gases.

cometa: objeto pequeño del espacio compuesto de hielo, roca y gas. Tiene una cola de vapor que se puede ver desde la Tierra cuando la órbita del cometa lo acerca al Sol.

eje: la línea recta imaginaria alrededor de la cual gira o rota un planeta, una estrella o una luna.

Gran Mancha Oscura: estructura tormentosa grande y oscura con forma de óvalo que, en 1989, observó la sonda espacial *Voyager 2* en el hemisferio sur de Neptuno.

Gran Mancha Roja: enorme estructura tormentosa rojiza y ovalada del hemisferio sur de Júpiter que ha durado siglos.

gravedad: la fuerza que hace que objetos como la Tierra y la Luna se atraigan mutuamente.

luna: cuerpo pequeño del espacio que se mueve en órbita alrededor de un cuerpo más grande. Se dice que una luna es un satélite del cuerpo más grande. Neptuno tiene ocho lunas conocidas, de las cuáles la más grande se llama Tritón.

metano: gas incoloro, inodoro e inflamable.

NASA: la agencia espacial gubernamental de Estados Unidos. Su nombre completo es *National Aeronautics and Space Administration* (Administración Nacional de Aeronáutica y el Espacio).

nitrógeno: elemento químico que a temperaturas suficientemente cálidas se transforma en un gas incoloro e inodoro. Se le encuentra en la atmósfera de la Tierra y en la de Tritón, la luna de Neptuno.

órbita: la trayectoria que sigue un objeto celeste a medida que gira, o da vueltas, alrededor de otro.

Sistema Solar: el Sol con los planetas y todos los demás cuerpos, como los asteroides, que describen una órbita alrededor de él.

Sol: nuestra estrella y el proveedor de la energía que hace posible la vida en la Tierra.

sonda espacial: nave que viaja por el espacio, fotografiando y estudiando los cuerpos celestes y, en algunos casos, hasta aterrizando sobre ellos.

telescopio espacial *Hubble*: satélite artificial que contiene un telescopio e instrumentos relacionados, que en 1990 fue puesto en órbita alrededor de la Tierra.

Tritón: la luna más grande de Neptuno. Tiene atmósfera propia y es más grande que el planeta Plutón.

***Voyager*:** el nombre de dos sondas espaciales estadounidenses que se lanzaron al espacio en 1977. Tanto la *Voyager 1* como la *Voyager 2* pasaron por Júpiter y Saturno. La *Voyager 2* pasó también por Urano (1986) y Neptuno (1989).

Índice

Nacido en 1920, Isaac Asimov llegó a Estados Unidos, de su Rusia natal, siendo niño. De joven estudió bioquímica. Con el tiempo se transformó en uno de los escritores más productivos que el mundo haya conocido jamás. Sus libros abarcan una variedad de temas que incluyen ciencia, historia, teoría del lenguaje, literatura fantástica y ciencia ficción. Su brillante imaginación le hizo ganar el respeto y la admiración de adultos y niños por igual. Lamentablemente, Isaac Asimov murió poco después de la publicación de la primera edición de *La biblioteca del universo de Isaac Asimov.*

Los editores expresan su agradecimiento a quienes autorizaron la reproducción de material registrado: portada, 3, 20, 25, 27, Centro Nacional de Datos de Ciencia Espacial y el jefe del equipo, Dr. Bradford A. Smith; 4, Centro Nacional de Datos de Ciencia Espacial; 5 (ambas), Observatorio de Yerkes; 6, Sharon Burris/© Gareth Stevens, Inc.; 7 (grande), Laboratorio de Propulsión a Chorro; 7 (recuadro), NASA; 8, Sharon Burris/© Gareth Stevens, Inc.; 9 (grande), Observatorio de Yerkes; 9 (recuadro), Laboratorio de Propulsión a Chorro; 10 (superior, inferior), Laboratorio de Propulsión a Chorro; 10 (recuadro), cortesía de P. J. Stooke, Universidad de Ontario Occidental; 11, Laboratorio de Propulsión a Chorro; 12, Colección de Richard Baum; 13, Laboratorio de Propulsión a Chorro; 14, Lawrence A. Sromovsky (Universidad de Wisconsin-Madison) y NASA; 15, © Sally Bensusen 1989; 16, Laboratorio de Propulsión a Chorro; 17 (ambas), NASA; 18, Sharon Burris/© Gareth Stevens, Inc.; 19, © Paul Dimare 1989; 21 (todas), Laboratorio de Propulsión a Chorro; 22, © Paul Dimare 1989; 23 (ambas), Laboratorio de Propulsión a Chorro; 24 (izquierda), Observatorio de Yerkes; 24 (derecha), Laboratorio de Propulsión a Chorro; 26 (superior), H. Hammel (Instituto de Tecnología de Massachusetts) y NASA; 26 (inferior), Laboratorio de Propulsión a Chorro; 28, © Thomas O. Miller/Studio "X," 1990; 28-29, © Sally Bensusen.